*So war das eben in
meinem Leben*

Hermann Richter

So war das eben in meinem Leben

Erinnerungen eines »braven« Sohnes, der es versäumt hat, mehr aus seinen Talenten und Begabungen zu machen. Der aber die Hoffnung auf ein Happy End nie verloren hat.

Für Laura, Marie, Lucas und Philipp

Der Wunsch, geliebt zu werden, ist bei manchen Menschen stärker als der Wunsch, einen anderen Menschen zu lieben. Nicht geliebt zu werden ist für diese Menschen die größte Strafe.

Sigmund Freud

Bibliografische Information der Deutschen Nationalbibliothek:
Die Deutsche Nationalbibliothek verzeichnet diese Publikation in der Deutschen Nationalbibliografie; detaillierte bibliografische Daten sind im Internet über http://dnb.dnb.de abrufbar.

© 2015 Hermann Richter
Satz, Umschlaggestaltung, Herstellung und Verlag:
BoD – Books on Demand

ISBN: 978-3-7392-9300-4

Inhalt

Vorwort	7
Der Sturz aus dem Waggon	8
Die Operation	10
Der Theaterbesuch	12
Wie wird es mit ihnen weitergehen	15
Das Auto	17
Oma Frieda	18
Die Hochzeitsrede	21
Marlenes Universalsoße	27
Der nicht abgeschickte Brief	28
Die sympathische Sie	31
Ein spätes Wiederfinden	35
Die drei Ohnmachten	49
Der Menschenfreund	52
Ein paar Jahre später	62

Vorwort

In dem Abschiedsbrief meines Patenonkels Hermann war auch ein USB-Stick. Darauf fand ich einen Roman mit dem Titel »So war das eben in meinem Leben«.

Mein Onkel erzählt in diesem Buch einiges von dem, was er in siebzig Jahren erlebt hat. Das letzte Kapitel »Ein paar Jahre später« war als handschriftlicher Entwurf ebenfalls in dem Brief. Ich habe diese Geschichte so geschrieben, wie mein Patenonkel sie skizziert hatte, und habe den Roman damit abgeschlossen.

Claudia Kramer

Der Sturz aus dem Waggon

Lucas und Philipp waren mit ihrer Mutter zum Güterbahnhof gefahren. Dort stand auf einem Abstellgleis ein ausgedienter Güterwaggon. Ein freundlicher Türke verkaufte dort nachmittags direkt vom Waggon herunter Obst und Gemüse. Wir brauchten für unsere beiden Pferde jede Woche einen großen Sack Möhren, dazu für uns Äpfel, Tomaten, Bananen, Schlangengurken und und und ... Das alles bekamen wir dort immer frisch und sehr preiswert. Dieses Einkaufen war bei den beiden Jungs außerordentlich beliebt. Sobald sie beim Waggon angekommen waren, musste ihre Mutter sie sofort in den Güterwagen heben und sie halfen ganz eifrig und gewissenhaft beim Obst- und Gemüseverkauf.

Ich saß an diesem Nachmittag in meinem Büro und arbeitete die Tagespost durch. Meine Leute hatten wie immer um Viertel vor vier Feierabend gemacht und wie jeden Tag genoss ich die ruhige Zeit. Bei einem Espresso und Musik aus dem Radio ging die Arbeit leicht von der Hand. Als um sechzehn Uhr die Nachrichten begannen, bekam ich von jetzt auf gleich heftigste Kopfschmerzen. Mir wurde übel, ich lief, so schnell ich konnte, zur Toilette und musste mich übergeben. Ich war kreidebleich, zitterte am ganzen Körper, Schweißperlen standen auf meiner Stirn. Ich schleppte mich nach nebenan in unser Wohnhaus, ließ im Wohnzimmer die Jalousien herunter, da ich die Helligkeit nicht vertragen konnte, und legte mich auf die Couch.

Gegen halb sechs wurde ich durch das schrille Klingeln unseres Haustelefons geweckt. Eine Krankenschwester des Krankenhauses teilte mir mit, dass Philipp einen Unfall erlitten habe. Er sei um kurz nach sechzehn Uhr eingeliefert worden und befinde sich zurzeit auf der Kinderstation. Er sei am Güterbahnhof aus einem Waggon gestürzt und habe eine ordentliche Gehirnerschütterung. Gebrochen sei nichts, die Schürfwunden würden momentan behandelt, die Röntgenaufnahmen des Kopfes würden Gott sei Dank keine inneren Verletzungen zeigen. Philipp müsse auf jeden Fall drei Tage in einem verdunkelten Zimmer liegen, er dürfe nur zur Toilette gehen und ansonsten nicht aufstehen. Da er sich bereits übergeben habe, wollten sie ihn unbedingt in der kommenden Nacht zur Beobachtung auf der Station behalten.

Meine Kopfschmerzen waren wie weggeblasen, ich war wieder topfit. Ich packte ein paar Sachen für Philipp und mich zusammen und fuhr ins Krankenhaus. Nach einer ruhigen Nacht ohne Komplikationen ging es am nächsten Vormittag wieder nach Hause.

Die Operation

Eines Vormittags kam ein Anruf aus dem Kindergarten, dass ich sofort kommen müsse. Philipp könne nicht mehr Pipi machen und krümme sich vor Schmerzen. Ich fuhr gleich los, wir trugen ihn ins Auto und dann raste ich in die Stadt zum nächsten Notarzt. Mit großer Kraftanstrengung und mit furchtbaren Schmerzen für Philipp schaffte es der Arzt, die Vorhaut wieder beweglich zu machen, so dass er wieder Pipi machen konnte. Der Arzt ging sofort zum Telefon und vereinbarte für den nächsten Tag einen Operationstermin im Krankenhaus.

Ich fuhr also am nächsten Morgen mit Philipp in die Klinik. Wir mussten um 7 Uhr auf der Station sein. Er bekam ein viel zu großes Operationshemd an, erhielt eine Beruhigungsspritze und ein Narkosemittel. Als er eingeschlafen war, fuhren eine Krankenschwester und ich ihn in einem Krankenbett auf die Operationsstation. Ich hob den schlafenden Philipp aus dem Bett und reichte ihn durch eine Öffnung in den Vorraum des Operationssaales. Danach ging ich in den Aufenthaltsraum und wartete auf seine Rückkehr.

Vielleicht eine Stunde später holten ihn zwei Krankenpfleger aus dem OP und schoben ihn in den Aufwachraum. Philipp war noch ohne Bewusstsein, er hatte an seinem rechten Ärmchen eine Infusion und überall am Körper Sensoren mit Kabeln. Er wurde sofort an die Überwachungsgeräte angeschlossen. Die Pfleger beobachteten das Display und wurden zunehmend unruhig. Ein schriller Signalton tat sein Übriges und steigerte ihre Nervosität noch mehr. Ich stand am Fußende des Bettes und hörte ihr leises Gespräch: »Der Blutdruck ist viel zu hoch – wir müssen spritzen – aber wie viel? Wir können doch einem so kleinen Kerl nicht so viel geben wie bei einem Erwachsenen – wir müssen den Professor fragen.«

Ich räusperte mich und fragte: »Darf ich mal?« Ich nahm einen Stuhl und setzte mich zu Philipp an das Bett. Wie jede Nacht nahm ich seine kleine Hand zwischen meine Hände und hielt sie ganz ruhig fest. Der schrille Ton hörte nach einigen Augenblicken auf, die Werte auf dem Display gingen kontinuierlich runter. Die beiden Pfleger guckten sich verwundert an: »Was ist das denn?«

»Passen Sie auf«, sagte ich ihnen, »ich lasse seine Hand wieder los.« Und sofort ging es auf dem Display wieder nach oben. Einer der Pfleger brüllte mich an: »Nehmen Sie sofort wieder seine Hand!« Ich nahm Philipps Hand und nach kurzer Zeit ging der Blutdruck wieder runter.

»Ich schlafe jede Nacht neben ihm und halte seine Hand fest zwischen meinen Händen. Philipp weiß jetzt, dass ich da bin. Wenn Sie mir einen Kaffee besorgen, bleibe ich hier so lange sitzen, bis er wach ist.«

Nach gut einer Stunde wurde Philipp langsam wach, er räkelte und streckte sich, schlug die Augenlider auf, sah mich, lächelte und schlief wieder ein. Ich konnte nun seine Hand loslassen, stand auf und dehnte meinen schmerzenden Rücken.

Gegen Mittag kam der Professor nach seiner letzten Operation aus dem OP und wollte sehen, ob im Aufwachraum alles in Ordnung sei. Sofort schilderten ihm die beiden Krankenpfleger, was sie gerade mit Philipp und mir erlebt hatten. Der Professor schmunzelte, streichelte Philipp über die Wange und sagte beim Hinausgehen: »Es gibt so manches zwischen Himmel und Erde, was die Wissenschaft nicht erklären kann!«

Der Theaterbesuch

Ich hatte Lucas und Philipp zu Weihnachten ein sogenanntes »Schnupper-Abo« für das Theater geschenkt. Beide waren total glücklich und voller Erwartung. Ich hatte ihnen viel von meinen Theaterbesuchen und meinen Theaterreisen nach Wien, London und Prag erzählt. Wenn wir in der Stadt waren, guckten wir immer am Theater in die Schaukästen und ich stellte ihnen anhand der Fotos die Sängerinnen und Sänger vor und erzählte etwas von dem jeweiligen Stück. Das Problem allerdings war, dass Philipp gerade erst 6 Jahre alt geworden war. Lucas als älterer Bruder war zwar für Theaterbesuche auch noch sehr jung, aber mit entsprechender Vorbereitung müsste das eigentlich gehen. Zu allem Überfluss war unser erstes Stück auch noch eine wunderbare, aber nicht unbedingt für so kleine Kinder geeignete Oper, nämlich Verdis »Nabucco«. Da ich diese Oper vorher in meinem Premieren-Abo gesehen hatte, gab es mit dem Programmheft und meinem Opernführer Material genug, um Lucas und Philipp in einem »Workshop« an mehreren Tagen vorzubereiten. Die Vorstellungen waren immer freitags abends und deshalb fingen wir an dem Sonntag davor an, uns täglich circa eine Stunde mit dem jeweiligen Stück zu beschäftigen. Bestens informiert über den Inhalt, die Musik und die Darsteller, ausgestattet mit richtig schicker Theaterkleidung, ging es dann ins Theater.

Wie nicht anders zu erwarten, wurden die beiden mit großer Skepsis betrachtet. Als wir den Zuschauerraum betraten, meinte ein älterer Herr, Typ »Mensch gewordenes Opernlexikon«, zu Philipp: »Dann wünsche ich dir viel Spaß!« Philipp legte sein kleines Gesicht in Sorgenfalten und antwortete: »Ich hoffe nur, dass die hier die Oper nicht verfremdet haben. Wenn die auf der Bühne in Straßenanzügen oder Jeans rumlaufen, krieg' ich die Krise.« Da Philipp schon immer sehr laut sprach und wir inzwischen bereits genug Zuhörer hatten, zog ich ihn schnell auf meinen Schoß, wo er auch die nächsten Male im Theater sitzen sollte. Als wir nach der Pause wieder unseren Platz ansteuerten, fragte ihn jener älterer Herr, wie es ihm denn bisher gefallen habe. Philipp antwortete ihm wieder mit sorgenvollem Gesicht: »Gut, eigentlich sehr gut. Ich freue mich jetzt auf den berühmten Gefangenenchor im 2. Akt.« Der Mann schluckte und ging zu seinem Platz. Ich glaube, in seinem Gesicht statt Skepsis ein Schmunzeln entdeckt zu haben.

Nach viel Applaus für eine wundervolle Inszenierung holte ich die Mäntel, während die beiden Kinder alleine auf mich warteten. Da kam dieser ältere Herr zu Philipp und fragte ihn, wie ihm denn der Gefangenenchor gefallen habe. Nun war Philipp in seinem Element, Papa weit weg, um sich herum dutzende Zuhörer, und er legte los: »Also, dieser Gefangenenchor von ,Nabucco' hat mir noch besser gefallen als der Gefangenenchor in dem Musical ,Les Miserables'. Kennen Sie denn den? ,Les Miserables' wird im Musicaltheater in Duisburg gespielt, es ist nach dem berühmten Roman ,Die Elenden' von Victor Hugo geschrieben und einfach nur irre gut. Aber wissen Sie, manchmal ist das Essengehen nach dem Theater sowieso schöner als das, was man gesehen hat. Wir gehen jetzt zum Chinesen, wir haben schon vorher einen Tisch reserviert.«

Ich bahnte mir, so schnell es ging, einen Weg durch seine Zuhörer, trat ihm vorsichtig auf den Fuß und zog ihnen ihre Mäntel an. Als wir rausgingen, winkte mich jener ältere Herr zu sich und sagte leise mit einer unendlich traurigen Stimme: »Ich beneide Sie um Ihren Sohn, leider war mir das nicht vom Schicksal gegönnt. Ich wünsche Ihnen allen einen wundervollen Abschluss dieses Tages bei Ihrem Chinesen und eine gute Heimfahrt.«

Wie wird es mit ihnen weitergehen

Am Anfang des Scheidungsverfahrens beantragte die Gegenseite, mir das Sorgerecht für die noch minderjährigen Lucas und Philipp zu nehmen. Eine Verfehlung meinerseits als Begründung wurde nicht genannt, es »wäre für das Kindswohl besser, wenn klare Verhältnisse herrschen würden«. Natürlich ging es ganz allein um meine Demütigung und Verletzung.

Alle meine Schilderungen über die Verhältnisse in unserer Familie, über meine Erziehungsarbeit scheiterten an dem Blick zwischen der Richterin und meiner Noch-Ehefrau. In diesem Blick lag alle Solidarität und Gemeinsamkeit, die es zwischen Frauen gibt, lag alle Arroganz von Müttern gegenüber Vätern.

Damit die Wahrheit wenigstens aktenkundig ist, schrieb ich meiner ohnehin nicht sonderlich engagierten Rechtsanwältin folgenden Brief:

Wenige Monate nach der Geburt von Lucas war seine Mutter, eine dieser Spätgebärenden, mit ihren Kräften und vor allem mit ihrem Willen am Ende. Lucas schrie unentwegt und wollte herumgetragen werden. Ihre Mutter und ihre Freundinnen gaben ihr den Rat: »Lass ihn einfach schreien, irgendwann hört er schon auf!« Da ich bereits in erster Ehe zwei Mädchen ziemlich alleine großgezogen hatte, nahm ich an diesem Abend Lucas auf den Arm und verbrachte die ganze Nacht mit ihm. Am nächsten Tag fand ich in dem Kinderzimmer eine große Matratze, auf der ich mit Lucas und Philipp, der nach zwei Jahren dazukam, mehr als zehn Jahre Nacht für Nacht geschlafen habe.

Wir drei bauten uns eine eigene Welt auf. Ohne Mutter, aber mit Märchen und Vorlesen, später Sport, Theater, Reisen ... Ich gab ihnen Kraft, Vertrauen und Mut. Ich weckte ihre Neugier, förderte ihre Phantasie und Kreativität. Ich habe den Weg der Kinder vorgedacht und sie dabei begleitet. Dies nicht mit Kuschelpädagogik, sondern mit der Vorgabe von Zielen, dem Setzen von Regeln und vor allem, wenn nötig, absolut gewaltfreiem Druck, diese Regeln auch einzuhalten.

Durch den Entzug des Sorgerechtes werde ich aus dem Leben der Kinder ausgeschlossen. Auch wenn mir ein Besuchsrecht zugestanden werden sollte, werden Lucas und Philipp in der Zukunft als Waffe gegen mich benutzt werden. Ich habe bereits der Dame vom Jugendamt, die ein Gutachten erstellen soll, gesagt, dass die beiden von ihrer Mutter in einer Art und Weise instrumentalisiert werden würden, die sich das Jugendamt und auch das Gericht nicht vorstellen können.

Bereits seit Wochen untersagt ihre Mutter den beiden jeden Kontakt mit mir. Den Kindern wird nicht nur ihre emotionale Basis genommen, das Korsett, das sie bisher gestützt hat, wird entfernt.

Am letzten Sonntag musste Philipp nach wiederholtem Komasaufen aus dem Krankenhaus geholt werden.

Lucas wurde vorige Woche beim Diebstahl in einem Kaufhaus erwischt und erhielt inzwischen eine Vorladung von der Staatsanwaltschaft.

Das Auto

Im Sommer waren auf einmal meine Autoschlüssel weg. Wieder mal eine Provokation, damit ich nun endlich einmal ausraste und meiner Noch-Ehefrau eine knalle. Dann wären sie und ihr tüchtiger Rechtsanwalt am Ziel und die Scheidung von einem ja gewalttätigen Mann ein Kinderspiel.

Trennungsunterhalt, Nachscheidungsunterhalt, Versorgungsausgleich bei der Rente, viel Geld stand auf dem Spiel. Ich biss die Zähne zusammen und fuhr ab sofort nur noch mit einem kleinen Motorroller. Im Winter wurde das Fahren immer gefährlicher, vor allem weil bei Temperaturen um null Grad der Gaszug einfror und ich nicht mehr bremsen konnte.

Hallo Papa,

ich will nicht mehr, dass Du bei jedem Wetter mit diesem elenden Roller fahren musst.

Drei Stürze sind genug, ich werde nicht weiter tatenlos zusehen, wie Du Dein Leben aufs Spiel setzt. Ich habe ein kleines, gebrauchtes Auto für Dich gekauft.

Der Polo hat noch zwei Jahre TÜV, gerade eine Inspektion mit Ölwechsel bekommen und er ist technisch absolut in Ordnung. Die Kfz-Steuer, Versicherung, Inspektionen, TÜV und eventuelle spätere Reparaturen werde ich übernehmen.

Du musst lediglich das Benzin bezahlen. Genieße Deine neue Lebensqualität!!!!!

Deine Marie

Oma Frieda

Die Oma litt seit ihrer Kindheit unter gelegentlichen Aussetzern und Anstoßen beim Sprechen und manchmal hatte es den Anschein, dass sie gar nicht anwesend ist. Mit zunehmendem Alter wurde daraus ein epileptisches Anfallsleiden. Da sie ihre lebensnotwendigen Tabletten nicht mehr verlässlich nahm und allmählich zum Pflegefall wurde, habe ich sie zu uns geholt.

Für wenige Jahre hatte sie noch eine wunderschöne Zeit mit ihren Enkeln Lucas und Philipp, mit Winterferien in der Schweiz und Sommerurlaub auf Norderney und natürlich mit ihrem Schäferhund Hero, der auch zu uns kam.

Als sich ihr Zustand verschlechterte und die Zahl der epileptischen Anfälle zunahm, habe ich eine 24-Stunden-Beobachtung organisiert. Diese Anfälle kündigten sich Stunden vorher durch Apathie, Zucken des Mundwinkels, Zittern der Finger usw. an. Dann musste man bei ihr sitzen bleiben, früh genug ihr Gebiss herausnehmen, dieses Notfallzäpfchen bereithalten und ihr vor allem rechtzeitig geben. So konnten wir alle Anfälle abwehren und verhindern, dass die Oma nach einem dieser generalisierten Anfälle ins Koma fällt und nicht mehr das Bewusstsein erlangt.

Hallo Marlene,

seit Jahren tragen wir beide die Verantwortung für Oma gemeinsam. Durch die Mithilfe der Kinder und meinen bedingungslosen Einsatz vor allem bei der erhöhten Anfallgefährdung um den Vollmond herum haben wir eine lückenlose Beobachtung und Betreuung rund um die Uhr organisiert. Dafür bekommen wir von den behandelnden Ärzten größte Anerkennung und Respekt. Diese Beobachtung und Betreuung sieht wie folgt aus:

6 Uhr	*Tablettengabe durch mich*
8–10 Uhr	*Morgentoilette und Frühstück durch den Pflegedienst*
13–14 Uhr	*Tablettengabe und Mittagessen durch den Pflegedienst*
15.45 Uhr	*einer von uns ist abwechselnd da*

Ohne zwingenden Grund willst Du die Tablettengabe durch mich um 6 Uhr und den Pflegedienst um 8–10 Uhr streichen. Du willst um 6.30 Uhr die Morgentoilette selber machen und anschließend gegen 7 Uhr der Oma die Tabletten und das Frühstück geben. Da Du spätestens um halb acht die Wohnung verlassen musst, ist die Oma anschließend fast sechs Stunden ohne Beobachtung.

   Ich trage diese Entscheidung nicht mit, sondern halte sie für unverantwortlich und absolut gefährlich. Wenn Oma nicht permanent beobachtet wird und bei einem drohenden Anfall nicht sofort dieses Notfallzäpfchen bekommt, kann es sein, dass sie ins Koma fällt und vielleicht sogar elendig erstickt. Die Schuld an der zu befürchtenden Katastrophe trägst Du ganz allein.

   Ich bitte Dich, Deine Entscheidung rückgängig zu machen.

12. Januar

Hermann

Hallo Hermann,

ich werde die Entscheidung, dass Du aus der Verantwortung bezüglich meiner Mutter bist, nicht rückgängig machen.

Ich danke Dir für Deinen, wie Du es nennst, bedingungslosen Einsatz in der Vergangenheit, aber das ist nun vorbei.

Die Verantwortung für meine Mutter trage ich ab sofort ganz alleine, das hast Du richtig erkannt. Dir untersage ich jeden Kontakt zu meiner Mutter und verbiete Dir ab sofort, das Zimmer meiner Mutter zu betreten.

Solltest du versuchen, die abgeschlossene Zimmertür aufzubrechen, werde ich die Polizei holen und Dich mitnehmen lassen.

15. Januar

Marlene

Wir trauern um meine liebe Mutter und unsere herzensgute Oma

Marlene, Lucas und Philipp

8. Februar

Die Hochzeitsrede

Liebes Brautpaar, meine sehr verehrten Damen und Herren,
als Marie mir vor einigen Wochen mitteilte, dass sie bald heiraten werde, bat sie mich gleichzeitig, auf der Hochzeitsfeier eine Rede zu halten. Nach kurzer Bedenkzeit sagte ich zu, so dass ich hier nun stehe, um Maries Wunsch zu erfüllen.

Das Verfassen einer Rede ist ja heute kein Problem mehr, im Internet findet man die schönsten Vorlagen. Man braucht nur noch die Namen einzusetzen, auf »Drucken« zu klicken und schon hat man die gewünschte Hochzeitsrede in den Händen. Genauer gesagt, man hat eine Aneinanderreihung von Belanglosigkeiten, früher sagte man dazu »Plattitüden«, die Älteren unter Ihnen kennen sicher noch dieses Wort. Ich kann nun so etwas vorlesen, aber natürlich habe ich auch eine eigene Rede geschrieben. Es ist der Versuch, das Entstehen einer wunderbaren Beziehung chronologisch zu schildern. Also, Marie, entscheide, was du hören möchtest …

Da Marie nun meine Rede hören will, bitte ich Sie alle, mich in einen stürmischen Spätherbst zu begleiten. Es war bitterkalt, für die nächsten Tage war Schnee vorausgesagt. Ich hatte deine Mutter ins Krankenhaus gebracht und wartete zu Hause mit deiner Schwester Laura unruhig auf einen Anruf aus dem Krankenhaus. Damals gab man noch die schwangere Frau beim Pförtner ab, bei der Geburt dabei sein, oh Gott, völlig unvorstellbar. Mitten in der Nacht, so um halb vier, klingelte das Telefon. Eine Schwester sagte, ohne beim Sprechen Luft zu holen: »Alles in Ordnung, Mutter und Kind wohlauf, aber es ist leider nur ein Mädchen!« Dieser Satz traf mich wie ein Keulenschlag, mein Baby offensichtlich gesund, das Wichtigste auf der Welt, aber kaum geboren und schon diskriminiert und beleidigt. In diesem Moment, Marie, habe ich mir geschworen, dass du besser sein würdest als jeder Mann. Du würdest deinen Weg gehen, du solltest deine Träume leben, die Welt sollte sich noch über dich wundern.

Aber das war viel leichter gesagt als getan. Du warst ein ganz ängstliches Kind, bei Papa auf dem Arm, den Daumen im Mund, den Zeigefinger auf der Nase parkt, das war schön, da konnte ruhig die Welt untergehen. Bei jedem Ausflug, bei jeder Reise in den Urlaub hast du fast unentwegt gebrochen. Wenn mir damals jemand gesagt hätte, dass du mal mit einem Team deiner Universität den Oberlauf des Amazonas neu vermessen würdest, dass du dort, ganz nebenbei, im Regenwald eine unbekannte Geckoart entdecken würdest, hätte ich wahrscheinlich gesagt: »Träume ruhig weiter!«

Was sollte ich nun mit diesem ängstlichen Kind tun? Was war die Lösung, wie sollte der Weg aussehen, um dir deine Angst zu nehmen? Der Beitrag deiner Mutter bestand in den beiden Feststellungen »Papakind« und »pflegeleicht«. Also war ich so viel wie möglich mit dir zusammen, du auf meinem Arm, der dir Sicherheit gab, so erkundeten wir die Welt. Und es wurde allmählich besser, nicht nach Tagen oder Wochen, sondern nach Monaten und Jahren. Zusammen mit Laura hatten wir bald unsere eigene kleine Welt, voller Märchen und Träumen, aber auch voller Neugier auf die Natur und alles Neue und Unbekannte. Wissenshungrig wollte ich dich machen, statt Angst vor dem Unbekannten sollte Entdeckerfreude dein Leben bestimmen. Ich beschäftigte mich damals mit dem französischen Existentialismus, mit Albert Camus, Jean-Paul Sartre und vor allem mit Sartres Lebensgefährtin

Simone de Beauvoir. In ihrem Buch »Das andere Geschlecht« fand ich das, was, so hoffte ich, die Maxime deines Lebens sein sollte: »Nichts ist vorherbestimmt, auch eine Frau kann alles selbst entscheiden und über ihr Leben bestimmen!«

In den folgenden Jahren versuchte ich dir das zu vermitteln und vorzuleben, was mich in meiner Jugend bewegt und geprägt hatte, die drei Grundforderungen der französischen Revolution »Freiheit, Gleichheit und Brüderlichkeit«. Aber auch Rosa Luxemburg, die Führerin der deutschen Kommunisten, die, nachdem der Spartakusaufstand niedergeschlagen war, zusammen mit Karl Liebknecht 1919 ermordet wurde, und ihr Satz »Die Freiheit eines Menschen endet dort, wo die Rechte eines anderen verletzt werden«. Dies wurden die Eckpfeiler meiner Überzeugung. Solltest du Oscar Wilde, diesem liebenswerten, immer spöttelnden irischen Schriftsteller folgen, der sagte: »Man muss die Gelegenheit nutzen, wer weiß, ob sie wiederkommt«, oder doch lieber auf meinen Lieblingsphilosophen Voltaire hören, der forderte: »Man ist nicht nur verantwortlich für das, was man tut, sondern auch für das, was man nicht tut«? Solltest du ein Leben lang auf der Suche, besser Jagd, nach dem »ultimativen Kick« sein oder solltest du eine im besten Humboldt'schen Sinne gefestigte Persönlichkeit werden, die die alte chinesische Weisheit lebt: »Nur tote Fische schwimmen mit dem Strom«?

Aber diese unsere kleine, heile Welt wurde durch meinen schrecklichen Reitunfall brutal zerstört. Ich lag acht Wochen ohne Bewusstsein, in einem künstlichen Koma gehalten, auf der Intensivstation der Universitätsklinik. Meine Überlebenschancen nahe null; wenn es ein Weiterleben gab, dann auf jeden Fall körperlich und geistig eingeschränkt, wahrscheinlich ein Dauerpflegefall. Das einzig Positive für dich in diesen furchtbaren Wochen zwischen Bangen und Hoffen war dein Klassenlehrer. Er war mehr als ein Lehrer, er war ein Pädagoge der allerbesten Art. Er bewertete deine schulischen Leistungen in diesen Wochen überhaupt nicht; was 1 war, blieb 1; was 2 war, blieb 2; was 3 war, blieb 3. Er wusste ja, was du konntest, er nahm Rücksicht auf deine Situation und wollte deine Lebenskrise, denn es war ja eine, nicht noch verschlimmern. Als es dann mit mir aufwärts ging und ich, gegen alle Voraussagen, im wahrsten Sinne des Wortes wieder »normal« wurde, kehrtest du sehr schnell zu deinen alten schulischen Leistungen zurück. Aber für mich und vor allem für dich war nun alles anders als vorher.

Allmählich begannst du dich von mir zu lösen, nicht dramatisch, nicht mit Streit, sondern fast unmerklich. Wir machten zwar immer noch Hundesport und das Reiten zusammen, wir fuhren gemeinsam zum Skifahren in die Schweiz und im Sommer mit den Pferden nach Norderney. Aber bei dir kamen Tennis und neue Freunde dazu. Nun begann für mich die eigentlich schwierigste Phase in deiner Erziehung. Ein geliebtes Kind loszulassen ist verdammt noch mal nicht so einfach. Ich sagte mir immer wieder, es ist doch das wichtigste Ziel, dass du dich löst und allmählich selbstständig wirst, aber es war nicht wirklich leicht. Ich fand letztendlich zu meiner Linie zurück, wurde dann allerdings fast erschreckend konsequent. Sascha, lieber Bräutigam, du hörst jetzt einfach mal einen Augenblick nicht zu. Wenn schon mit 16 Jahren einen 19-jährigen Freund, wenn schon am Wochenende regelmäßig weg, dann nicht nur moralische Appelle von mir, sondern möglichst schnell die Pille für dich. Ein Baby in dieser Phase deines Lebens hätte deine Zukunft zerstört, also ging ich, nein, nein, Marlene nahm mir das ab und nahm dich mit zu ihrem Frauenarzt. Unvergessen der Crash-Kurs im Kochen auf Norderney, er wurde erfolgreich mit dem Erlernen von Marlenes Universalsoße abgeschlossen. So, nun ausgestattet mit zwei wichtigen Dingen, nämlich nicht verhungern zu müssen und nicht schwanger werden zu können, ging dein Leben weiter.

Es begann deine Erfolgsstory: glänzendes Abitur auf dem Gymnasium, ein aufopferungsvolles soziales Jahr, erfolgreiches Studium der Geographie und Biologie und letztendlich Studienrätin und Beamtin auf Lebenszeit. Alles hast du ganz alleine arrangiert, wie es Simone de Beauvoir fordert, hast du alles selbst entschieden und damit selbst und allein bestimmt. Meine Rolle beschränkte sich darauf, für Gespräche da zu sein, kleine Rückschläge wie das Desaster bei deinem ersten Ferienjob ausbügeln zu helfen und Tipps zu geben, wie für die eigene kleine Wohnung bei der unvergessenen lieben Oma Frieda.

Zum Ende deines Studiums wurde meine Situation immer schwieriger. Eine nicht mehr intakte Ehe, ein kriselnder Betrieb, mein Untergang warf seine Schatten voraus. Deine Besuche Freitag mittags mit dem Espresso und dem Eis im Städtchen wurden das Wichtigste und einzig Schöne in meiner ansonsten von vielen Sorgen und großer Angst geprägten Woche.

Ich habe dir natürlich nichts von meinen Problemen erzählt, sondern immer versucht, dir weiterhin Mut zu machen und Zuversicht zu geben. So wie ich am Anfang deines Lebens für dich da war, so wurdest nun du unwissend zum einzigen Halt in meiner einstürzenden Welt. Wenn ich nicht unter diesem furchtbaren Druck zusammengebrochen bin; wenn ich nicht in einer Kurzschlusshandlung mein Leben beendet habe, so warst du neben meinem irgendwie immer noch vorhandenen unbändigen Lebenswillen der Grund dafür, dass ich heute hier stehe und die gewünschte Hochzeitsrede halten kann.

Ich möchte dich, liebe Marie, am Schluss meiner Rede um Entschuldigung bitten, weil ich dich wahrscheinlich in vielen Situationen überfordert habe. Ich möchte dich um Verzeihung bitten, weil ich sicher oft zu ungeduldig war und nicht die richtigen Worte gefunden habe. Ich möchte dich um Vergebung bitten, weil du so manches Mal über mich verzweifelt warst und nachts geweint hast. Ich habe alles verloren, was ich in dreißig Jahren aufgebaut hatte. Trotzdem sage ich heute hier, ich bereue nichts, ich habe keines meiner Ideale verraten und immer versucht, nach meiner Überzeugung zu leben. Dass ich das Gefühl, besser: die Gewissheit habe, dass sich mein Leben trotz aller Enttäuschungen und Verluste gelohnt hat, verdanke ich nur dir. Du hast das geschafft, obwohl du doch eigentlich »leider nur ein Mädchen« bist.

Meine sehr verehrten Damen und Herren, ich darf Sie nun bitten, aufzustehen und mit mir auf das Wohl des Brautpaares anzustoßen. Marie und Sascha, wir alle wünschen euch von ganzem Herzen alles Gute und Liebe, dass ihr im Guten wie im Schlechten zusammenhaltet und füreinander da seid. Auf das Brautpaar ...

Marlenes Universalsoße

2–3 Zwiebeln schälen und klein schneiden

in einem nicht zu großen Topf Margarine bei mittlerer Hitze flüssig werden lassen, die Zwiebeln dazugeben, viel wenden und schieben und so die Zwiebeln glasig dünsten

mit ca. 250 ml Wasser löschen

1 guten Teelöffel Gemüsebrühe und einen Schmelzkäse dazugeben

etwas Salz und Pfeffer und auf jeden Fall 2–3 Spritzer Maggi

mit einem halben Becher Creme fraiche oder saurer Sahne abschmecken und etwas Petersilie dazugeben

so viel Milch dazu, wie Soße gewünscht

weißen Soßenbinder einrühren bis zur gewünschten Konsistenz

passt für jedes Gemüse und zu jedem Fleisch

Der nicht abgeschickte Brief

Hallo Laura,
ich sitze hier am Neujahrsmorgen in meiner kleinen Wohnung und schreibe Glückwünsche an die wenigen Menschen, zu denen ich noch Kontakt habe. Wie gerne würde ich auch Dir ein »Frohes neues Jahr und alles Liebe und Gute« wünschen. Aber ich habe ja nun keine Adresse von Dir und es ist mir einfach zu blöd, Deine Schwester zu bitten, meine Nachricht an Dich weiterzuleiten. Immerhin weiß ich von ihr, dass es Dir einigermaßen gut geht.

Ich werde nachher an meinem Buch mit dem Arbeitstitel »Väter und Töchter in Oper und Schauspiel« weiterarbeiten. Ich habe letzte Woche Verdis Oper »Rigoletto« überarbeitet und Alexander Puschkins Erzählung »Der Postmeister« endlich fertig bekommen. Aktuell arbeite ich am »König Lear« von Shakespeare, aber das ist ganz harte Kost. Ich merke schon, dass ich hier an meine Grenzen stoße. Ich suche immer den Vater in der Literatur, der seine Tochter einfach nur liebt und alles tut, damit sie selbstbestimmt zu einer »starken« Frau wird.

Aber es gibt seit langer Zeit zwischen uns einiges richtigzustellen. Du findest es überhaupt nicht gut, so wird mir zugetragen, dass ich mich nicht um meinen Vater gekümmert habe. Außerdem wirfst Du mir vor, dass ich durch meine Trennung von Deiner Mutter eine glückliche Familie zerstört habe. Also, liebe Laura, bei allem Respekt vor Deiner bisherigen Lebensleistung, die Rolle eines Racheengels steht Dir nicht zu, doch der Reihe nach.

Dein Opa hat mehrmals mein Leben zerstört, aber das

ist mein persönliches Schicksal, das erzähle ich Dir nicht. Nichts, aber auch gar nichts ist an diesem Mann zu bemitleiden. Er hatte längst ein neues Umfeld, wo er der Große war, der er immer sein wollte. Bei seinem endgültigen Ausscheiden aus der Firma hat er viel Geld mitgenommen, genau diese Liquidität hat mir kurze Zeit später entscheidend gefehlt und zu meinem wirtschaftlichen Scheitern geführt.

Deine Mutter war in der Tat meine Traumfrau: klein, blonde lange Haare, ein Püppchen. Allerdings ein Püppchen, das unfähig war, einen anderen Menschen, insbesondere einen Mann, zu berühren. Da sie sogar Schwierigkeiten hatte, euch Babys anzufassen, zu windeln, gar zu baden, bin ich in die Bresche gesprungen. Du wirst Dich nicht erinnern können, von Deiner Mutter jemals gestreichelt worden zu sein. Ich habe nicht das Recht, Dir die unendlich traurige Geschichte Deiner Mutter zu erzählen, frage sie selbst, was sie als Kind durch ihren Vater erleiden musste. Alle Behandlungen, die es auch damals schon gab, alle meine Therapievorschläge hat sie abgelehnt. Ich habe keine glückliche Traumfamilie zerstört, sondern nur das beendet, was niemals da war.

Nach meinen gelebten Albträumen aber nun zu Dir. Was habe ich Dich immer bewundert, du hattest immer den Mut, den ich nie hatte. Du hast stets versucht, Deine Träume zu leben. Der große Entdecker Alexander von Humboldt soll auf die Frage, warum er all diese Entbehrungen und Qualen auf sich nähme, geantwortet haben: »Es kommt nicht darauf an, was man aufgibt und eventuell verliert, sondern es geht allein darum, was man erreichen und gewinnen kann.« Diese Einstellung hast Du gelebt, ich habe Dich immer unterstützt und Dir Mut, auch für die verrücktesten Sachen, gemacht.

Als Du von Deiner Uni an die Universität von Mexiko-Stadt gewechselt bist, dort Dein Studium fortgesetzt hast und sogar einen Abschluss mit Prädikat geschafft hast, war ich schon mächtig stolz auf Dich. Als wir uns in Acapulco für eine Woche Badeurlaub getroffen hatten und danach mit dem Überlandbus vier Wochen durch Mexiko gefahren sind, habe selbst ich Feigling mich als Entdecker gefühlt. Was hast Du mir in diesen Wochen Schönes gezeigt, die Pyramiden in Teotihuacan, die Welt der Zapoteken und Mixteken in Oaxaca, die irre Bootsfahrt durch den Sumidero-Canyon, die Maya-Stadt Palenque ...

Viele Monate später bist Du mit einer Gruppe junger Friedensaktivisten in den südmexikanischen Bundesstaat Chiapas marschiert. Ihr seid zwischen mexikanische Armee und aufständische Zapatistas geraten und Du warst fast ein ganzes Jahr verschollen.

Ich hatte in diesen schrecklichen Monaten der Ungewissheit längst die Hoffnung aufgegeben, Dich wiederzusehen. Als Deine Schwester mich anrief, um mir zu sagen, dass Du lebst und zurzeit in einem Krankenhaus in den USA behandelt und therapiert wirst, habe ich tagelang geweint und auch selbst wieder einmal für viele Wochen psychologische Hilfe gebraucht.

Deinen Zeitungsartikel über die elf Monate Gefangenschaft im tropischen Regenwald und Dein Interview mit Marcos, dem charismatischen Comandante der Army of National Liberation, hat mir die Marie übersetzt und Euer Leiden hat mich zutiefst erschüttert.

Dich irgendwann noch einmal in den Arm nehmen zu können wünscht sich von ganzem Herzen

Dein Papa

Die sympathische Sie

Sympathische Sie, 54/164 cm, kurzes, braunes Haar, br. Augen, schl., sucht Ihn, humorv. freundl., tierl., zwischen 50 u. 60 J. zur gem. Freizeitgestaltung/Spaziergänge mit oder ohne Hund, Restaurantbesuche, Wochenendtrips. Zuschr. m. Bild unt. ....

Hallo, sympathische Sie,
ich bin gerade von der Arbeit nach Hause gekommen und sitze nun bei herrlichem Sonnenschein im Garten direkt vor meiner kleinen Wohnung. Ich genieße meine selbstgemachten Apfeltaschen, einen Espresso und blättere im Stadtspiegel. Ich überfliege natürlich auch die Kontaktanzeigen, diese Rubrik finde ich übrigens eigentlich ziemlich doof, bleibe aber bei Deiner Anzeige hängen. Lese sie einmal, noch einmal ... Ich werde nachdenklich, da gibt es doch bei mir einen nie erlebten Lebenstraum, wie wird es so schön in den Anzeigen beschrieben, »glückliche, harmonische Zweisamkeit, voller Zärtlichkeit, Harmonie, Verständnis und Vertrauen«. Was soll ich jetzt machen? Telefonieren geht ja nicht, aber ein Brief ist gut, zwar irgendwie altmodisch, aber wir beide stammen ja aus einer Zeit, in der man sich noch Briefe, manchmal richtige kleine Kunstwerke, geschrieben hat. So als ob Du mir gegenübersitzen würdest, erzähle ich nun einfach von

mir. Ohne Gliederung, ohne geplante Reihenfolge, einfach so, wie es mir gerade einfällt.

Nachdem ich in zwei Ehen erst zwei Mädchen, dann zwei Jungen großgezogen habe, ist meine Welt nun klein geworden. Da ist mein Job, viel Sport und Lesen, meine große Leidenschaft Theater und bis vor ein paar Wochen natürlich Danni, ein wunderschöner Friesenwallach. Ich gehe 1–2 mal in der Woche ins Fitnessstudio und mache einmal pro Woche Hap-Ki-Do, eine reine Selbstverteidigung aus Korea, mit Techniken aus Karate, Kobudo und Judo. Ich habe hier inzwischen, wie auch in Karate, den schwarzen Gürtel geschafft.

Ich war schon als kleiner Junge eine »Leseratte« und habe nun die Zeit, wieder viel lesen zu können. Zurzeit lese ich »Die Pest« von Albert Camus und »Sie kam und blieb« von Simone de Beauvoir. Freitags gehe ich entweder in die Sauna oder ins Theater. Ich habe auch wieder angefangen zu schreiben, ich schreibe einen Roman mit Episoden aus meinem Leben und arbeite an einem Sachbuch »Der richtige Umgang mit Kränkungen, Beleidigungen und Mobbing«.

Und da ist noch Roman, ein 11-jähriger Junge aus der Ukraine, bei dem ich nach Ostern eine ehrenamtliche Lesepatenschaft übernommen hatte. Da er aber nicht in die Klasse 6 der Realschule durfte, sondern zurück zur Hauptschule wechseln sollte, habe ich die komplette ehrenamtliche Schulpatenschaft für Roman übernommen. Damit darf er auf meinen Antrag hin doch noch einmal in der Klasse 5 auf der Realschule starten. Wir haben jetzt in den Ferien drei Mal in der Woche gelesen, er muss sich weiterhin Hörbücher anhören und ich habe beim Aldi vor drei Wochen den »Grundwortschatz an englischen Vokabeln« gekauft, wir lernen also fleißig Vokabeln. In dieser Woche hat Roman in dem Nachhilfeinstitut, wo auch meine Söhne waren, einen einwöchigen Crashkurs in Mathe gemacht. Ziel ist es, erst mal überhaupt ein Fundament zu schaffen. Damit er mich nicht nur mit Lernen und Stress verbindet, waren wir letzten Sonntag den ganzen Tag im Zoo. Ich habe ihm versprochen, dass wir im nächsten Sommer, wenn er die Versetzung schaffen sollte, ein paar Tage nach London fahren werden.

Im Hintergrund läuft eine CD von Pavarotti, gerade »Ach wie so trügerisch sind Weiberherzen«. Das ist aus »Rigoletto« von Verdi, ich habe diese schöne Oper vor wenigen Wochen im Theater gesehen. Egal ob Oper, Operette, Ballett, Schauspiel oder Musical, ich liebe alles am und im Theater. Vor ein paar Tagen sind meine Abokarten für die nächste Saison gekommen. Ich habe diesmal zwei Plätze gebucht, da Marie, meine Tochter aus erster Ehe, manchmal mitgeht. Und natürlich für Nora, ein ganz liebes 17-jähriges Mädchen, das sich immer um den Danni gekümmert hat, wenn ich beruflich bedingt nicht da war. Wir wollen am Samstag Essen gehen und Pläne für die kommende Theatersaison und einen neuen Friesen machen. Sie freut sich schon auf »Don Carlos« von Schiller, »Dantons Tod« von Büchner, beides kann sie gut fürs Abi gebrauchen, und natürlich auf eines der schönsten Musicals überhaupt, nämlich »My fair Lady«.

Danni ist im Frühjahr Opfer in einem von meiner Ex äußerst schmutzig geführten Krieg geworden. Ich hatte meinem Sohn Philipp vor zwei Jahren zu Weihnachten meinen Danni geschenkt. Etwa vor einem Jahr habe ich eine wunderschöne, kleine Wohnung direkt neben dem Reitstall, wo Danni steht, mieten können. Über Ostern war ich eine Woche zum Skifahren in der Schweiz. Eines Nachts haben Philipp und seine Mutter den Danni von dort weggeholt. Da ich das fast erwartet hatte, war der Bauer informiert und hat es zugelassen.

Eigentlich bin ich im Sommer immer auf Norderney, mit Pferd natürlich. Windsurfen und Reiten am Strand, da habe ich für Momente ein unendliches Glücksgefühl. Aber im Juli war ein Scheidungstermin bei Gericht, der nächste kommt in zwei Wochen, spätestens im September ist die Scheidung durch. Ich bin es auch leid, es muss endlich mal Schluss sein. Mein neues Leben, wie Dir in »wenigen« Worten geschildert, hat doch schon längst begonnen.

Ich bin allein, aber nicht einsam. Dachte ich zumindest, bis ich Deinen Text gelesen habe. Ich bin viel mit verschiedenen Menschen zusammen, ich engagiere mich für Roman und möchte Nora helfen, wie meine beiden Töchter eine »starke« Frau zu werden. Danni fehlt mir total, ich hatte immer Tiere: Katzen, Hunde und Pferde. Irgendwie bin ich wohl ein »Kümmerer«, so ganz ohne geht das wahrscheinlich nicht bei mir. Jetzt ist es fast dunkel geworden und ich komme nun langsam zum Ende. Ich bin einigermaßen ratlos, soll ich diesen langen Brief überhaupt abschicken? Wie wirst Du reagieren? Ich wollte doch nie wieder von einer Frau ausgelacht, beleidigt, gedemütigt, verletzt werden. Oder ist da immer noch ein Funken Hoffnung auf ein Happy End in meinem Leben?

Ein spätes Wiederfinden

Ich hatte meine Schwester Patricia im Laufe der Jahre, bedingt durch Umzüge, Scheidungen, diverse Auslandsaufenthalte, aus den Augen verloren. Nach über 30 Jahren fanden wir uns durch einen eigentlich sehr traurigen Umstand wieder und begannen gelegentlich zu telefonieren und uns Briefe zu schreiben.

Hallo Bruderherz,
was für ein Verhältnis hattest Du eigentlich zu unserer Mutter Magda?
Da meine Schwiegertochter an einem Familienstammbaum arbeitet, habe ich uralte Fotos sortiert. Dabei habe ich ein Foto von Magda und unserer Cousine Bettina (als Baby) gefunden und mir wurde klar, dass die o.g. bereits in Bettilein, wie sie immer liebevoll von ihr genannt wurde, ihr Wunschkind hatte. Genauso hat sie sich ihr Leben lang zu mir verhalten. Das gipfelte in einer Bemerkung in einem Urlaub in Mittenwald, als ich bemerkte, dass ich Betti sehr hübsch fände. Sie nahm ihr Bettilein in die Arme und sagte: »Siehst du, es wäre besser gewesen, mir zu gleichen und nicht dieser Oma Else.«
Weißt du eigentlich, dass ich ihr eine gescheuert habe? Nachdem sie mich jahrelang geprügelt und ihre schlechten Launen bei mir abgeladen hatte, gab es eine Situation im Wohnzimmer, da hat sie mich so geschlagen, dass ich auf dem Boden lag und sie auf mir rumtrampelte. Da habe ich mir geschworen, wenn sie mich noch

einmal anfasst, kriegt sie von mir eine Ohrfeige, die sich gewaschen hat. Sie hat es natürlich bald wieder gemacht und dann habe ich ihr eine, wie man so sagt, »in die Fresse gehauen«. Danach hat sie es nie wieder versucht.

Wenn ich heute sehe, wie ich mit meinen Enkeln rumschmuse und ihnen sage, dass ich sie lieb habe, kann ich mich an irgendetwas Liebes und Zärtliches von dieser Magda nicht erinnern. Ich habe meinen Schlag nie bereut und auch nie von der »schwarzen Hand« geträumt, welche Kinder bekommen sollen, die ihre Eltern nicht ehren und sogar ihre Hand gegen sie erheben.

Dir ein frohes Weihnachtsfest und natürlich »Alles Liebe und Gute für das neue Jahr« wünscht Dir

Deine Patricia

Hallo Patricia,

entschuldige, dass ich Deinen Brief erst jetzt beantworte. Aber Dein Brief hat mein Weihnachtsfest doch ziemlich versaut. Alles, was Du geschrieben hast, hat mich zutiefst erschüttert. Von Deinen Schilderungen wie »jahrelang verprügelt – auf mir rumgetrampelt – Launen abreagiert« war ich tagelang geschockt.

Ich habe überhaupt keine Erinnerung an so was, warum nicht? Habe ich es nicht mitbekommen, nicht mitbekommen wollen? Hat unser Vater davon gewusst, warum hat er es nicht verhindert? Fragen über Fragen ...

Du fragtest nach meiner Beziehung zur Mutter, nun, da gibt es etwas, was mein Leben entscheidend beeinflusst und verändert hat.

Du kannst Dich doch sicher daran erinnern, dass man früher eine 3-tägige Aufnahmeprüfung an der Schule machen musste, an die man von der Volksschule aus wollte. Ich war 10 Jahre alt, *hatte diese Aufnahmeprüfung am Gymnasium bestanden und rannte nach Hause, um der Mutter diese freudige Nachricht zu sagen. Sie stand in der Küche am Herd, ich schrie schon im Flur: »Bestanden, bestanden, Mama, ich hab` bestanden!« Ich lief mit ausgebreiteten Armen auf sie zu, aber sie fing mich nicht auf, machte stattdessen einen Schritt zur Seite, so dass ich gegen den Ofen knallte. Weißt du noch, dieser schöne Kohleherd mit der umlaufenden Stange, wo man Sachen zum Trocknen drüberlegen konnte. Ich lag auf dem Boden, streckte meine Hand aus, damit sie mir hochhilft. Aber sie half mir nicht, sondern murmelte lediglich: »Hauptsache, dass es kein Schulgeld kostet!«*

Als ich viele Jahre später nach Insolvenz und Scheidung psychologischen Beistand brauchte, haben wir relativ schnell diese Szene, die mir überhaupt nicht bewusst war, im wahrsten Sinne des Wortes ausgegraben. Ich bin heute ein Mensch, der sich extrem nach Anerkennung, Lob, Zuneigung, ja nach Liebe sehnt. Einfach nur in den Arm genommen zu werden ist mein größtes Glück. Diese Zurückweisung durch unsere Mutter hat mich total verändert. Mich bis zum Äußersten anzustrengen, Erwartungen um ein Vielfaches zu übertreffen, bloß keine Fehler zu machen, dies alles wurde zur Triebfeder meines Lebens. Kritisiert zu werden, keine Anerkennung, kein Lob zu bekommen, nicht geliebt zu werden ist für mich die größte Strafe.

Jetzt bin ich so aufgewühlt, dass ich erst mal mit der kleinen Hundedame Sara einen langen Spaziergang durch den verschneiten Winterwald machen werde.

Liebe Grüße sagt
Manni

Bitte, bitte niemals diesen furchtbaren Namen »Hermann« benutzen!!!!!

Hi Manni,

nun ist es an mir zu schlucken.

Ich dachte, wenigstens Du hättest es besser gehabt. Du weißt doch, wie die Zeiten damals waren. Was hätte es geändert, wenn ich etwas gesagt hätte? Und vor allem, mit wem hätte ich reden können? Du kennst sicher auch diesen unerträglichen Satz: »Ein Klaps hat noch niemandem geschadet«. Also war »Ertragen« angesagt, bloß nichts anmerken lassen, sonst wäre es beim nächsten Mal etwas mehr gewesen.

Ich glaube nicht, dass Du weggeguckt hast, Du wirst es verdrängt haben. Mein Bestreben war immer, Dich da rauszuhalten und meinen kleinen Bruder zu beschützen.

Ich kann mich an eine Situation bei Tisch erinnern, wo ich bei jeder Handbewegung dieser Frau gezuckt habe. Immerhin da sagte unser Vater, sie solle aufhören mich zu schlagen. Wahrscheinlich hat er gemeint, sie solle mich nicht so oft schlagen.

Weißt Du überhaupt etwas über ihre Familiengeschichte? Diese Frau ist ein Psychowrack! Ihr Vater, der alte Friedmann, Frauenheld, stadtbekannter Säufer und Polizist. Ihre Mutter eine ganz liebe und ganz, ganz dicke Person. Immer wenn etwas zu Hause zu erledigen war, musste Magda ihn aus der Kneipe holen. Zitat Deiner Mutter: »Er ist aber immer sofort mitgegangen!« Er war ihr Abgott, das bisschen Liebe, das ihr der liebe Gott zum Verteilen gegeben hatte, hat sie ihm geschenkt. Dann ist dieser Typ ganz tief gefallen und hat seine ganze Familie mit in den Abgrund gerissen.

Das wühlt mich so auf, dass ich für heute Schluss machen muss. Ich gehe jetzt `ne Runde schwimmen, doch schön, wenn man im Haus `nen Pool hat.

Bin auf Deine Antwort gespannt,

die Patti,
so nanntest Du mich früher

Hallo Patti,

ja, Patti, so habe ich Dich früher genannt, Du meine große und von mir so bewunderte Schwester.

Deine Briefe enthüllen immer neue, unfassbare Einzelheiten. Ich habe nur wenige Erinnerungen an unsere Kindheit. Weder die von Dir erwähnten Oma und Opa Friedmann noch irgendwelche Geschichten drum herum sind mir bekannt. War ich zu klein, habe ich es vergessen oder bewusst verdrängt? Ich weiß es nicht …

Ich habe uns immer für eine typische Wirtschaftswunderfamilie gehalten. Am Anfang, wenige Jahre nach dem II. Weltkrieg, nicht viel zu essen, aber immerhin, wir hatten ein Dach über dem Kopf. Fleisch gab es, wenn überhaupt, nur sonntags. Weggeschmissen wurde gar nichts, aus den Resten hat Mama wahre Leckerbissen gezaubert. Das habe ich beibehalten, ich mache mir heute immer aus meinem Übriggebliebenen noch irgendwas Leckeres für den nächsten Tag. Der Kohleherd in der Küche war immer an, er wärmte nicht nur die Küche. Der Ofen im Wohnzimmer, kann ich mich erinnern, wurde nur am Sonntag angemacht.

Dann ging es langsam, aber stetig aufwärts. Urlaube an der Ostsee, in Holland, natürlich in Mittenwald bei Tante Maria, Onkel Franz und unserer Cousine Bettina, der Goldstrand in Bulgarien und als Höhepunkt sogar Gran Canaria.

Dazu kamen nach und nach ein Fernseher, ein gebrauchtes Auto und zum Schluss ein nagelneues Auto, sogar ein Mercedes.

Statt Mietshaus mit Klo die Treppe runter ein schickes Einfamilienhaus mit ganz viel Garten. Wir beide machen Abitur und studieren, aus uns ist doch, wie man so sagt, etwas geworden. Also alles bestens, oder?

Ich sehe mit Sorge Deinem nächsten Brief entgegen, Du hast ja schon die nächsten furchtbaren Enthüllungen angekündigt.

Liebe Grüße,
Manni

Hi Bruder,

nun geht es weiter mit unserer ehrenwerten Familie. Unser »Lebemann« hatte eine Frau aufgegriffen und in eine Zelle gesperrt. Sie hat am nächsten Tag behauptet, dass er sie in der Nacht vergewaltigt hätte. Ihre blauen Flecken und Verletzungen wären dabei entstanden. Da er seine Kratzspuren im Gesicht und am Rücken nicht erklären konnte, wurde Dein Großvater im Beisein von Oma Friedmann und Magda von seinen Kollegen zu Hause verhaftet. Er konnte nie das Gegenteil beweisen und kam ins Zuchthaus. Seine Beamteneinkünfte, seine Pensionsansprüche, seine Ehre und die Ehre seiner Familie, alles futsch. Deine Mutter war jetzt über Nacht finanziell für sich und die Oma verantwortlich.

Ende 1943 hat man ihm angeboten, sich »freiwillig« als Soldat zu melden. Er würde, »wenn er sich durch tapferen Einsatz vor dem Feind bewähren würde«, nach Ende des Krieges auf freien Fuß gesetzt. Er kam dann in eines dieser Strafbataillone und ist wohl in Griechenland von Partisanen erschossen worden. Für die Oma war das alles zu viel und sie hat kurz vor Ende des Krieges, wie

Magda es in ihrer immer so netten Art formulierte, »den Löffel abgegeben«.

Die große Liebe Deiner Mutter ging in diesen Jahren ebenfalls den Bach runter, mit »so einer« wollte doch niemand etwas zu tun haben. Ihr Traummann kam in russische Kriegsgefangenschaft und musste in einem Uranbergwerk schuften. Er kam verstrahlt zurück, zeugte ein verkrüppeltes Kind und ist in den fünfziger Jahren, nachdem ihn seine Frau verlassen hatte, elendig verreckt. Liebevoller Kommentar Deiner Mutter: »Mancher bekommt halt seine Strafe schon hier auf Erden!«

Wie ging es nun weiter? Als Papa aus der Kriegsgefangenschaft zurück war, lernte er Magda kennen. Gegen den erbitterten Widerstand dieser furchtbaren Oma Else, Zitat: »Die Tochter eines Zuchthäuslers kommt nicht in unsere Familie«, fanden die beiden zueinander. Nachdem ich geboren war, wurde immerhin geheiratet. Als dann auch noch mit Dir ein Stammhalter das Licht der Welt erblickte, hatte Magda ihre Pflicht erfüllt und die ruhmreiche Familiengeschichte konnte weitergehen.

Mir ist von all diesem Elend jetzt nur schlecht, ich brauch` erst mal ein Glas Wein. Gleich kommen meine Enkelkinder, wir wollen zum Italiener, Spaghetti essen. Das wird eine ziemliche Sauerei, aber Giovanni, der Inhaber, feuert sie noch immer richtig an.

Bin gespannt auf Deine Antwort!!!!!!

Deine Patti

Hallo Patti,

ich kann diese furchtbaren Sachen nicht begreifen: übelste Kindesmisshandlung, Vergewaltigung, Zuchthaus, Strafbataillon, Erschießung. Was kommt denn wohl als Nächstes? Gibt es denn nur Furchtbares aus jener Zeit zu berichten, nichts Positives, kein einziger Hoffnungsschimmer? Im letzten Telefongespräch hast Du so begeistert von unserem Vater gesprochen, schön, dass er wenigstens Dein Leben erträglich gemacht hat.

So wie Mama Dich zerstört hat, so sehr habe ich unter diesem Mann gelitten. Zwar keine Schläge, aber zwei Selbstmordversuche sind ja nun auch kein Pappenstiel. Du kennst meine Leidenschaft fürs Theater. Vielleicht Theaterwissenschaften studieren, ein Leben mit und für Goethe, Schiller, Gerhart Hauptmann, Bertolt Brecht … Das wäre ein Traum gewesen, aber da war der Betrieb, also musste ich Ingenieur werden. Wie zu erwarten, wurde es bei meiner absolut fehlenden technischen Begabung eine Katastrophe. Studienabbruch, Selbstmordversuch knapp danebengegangen, als Ersatzlösung ein BWL-Studium …

Dein Vater hat mich bis zum Schluss wie einen dummen Jungen behandelt, hat mich stets spüren lassen, dass ich zu doof bin, Ingenieur zu werden. Absolut armselig hat er sich an seine Rechte geklammert und mir nie etwas von »seinen« Grundstücken oder Firmenanteilen überschrieben. Nachdem der Betrieb in die Insolvenz gegangen war, tauchte er in der Firma auf, bekam einen seiner cholerischen Anfälle, beschimpfte mich aufs Übelste und zerschlug mein Büro. Wenn nicht zufällig der Insolvenzverwalter gekommen und dazwischengegangen wäre, hätte er mich verprügelt. Trotz meines schwarzen Gürtels in Karate und Hapkido war ich nicht fähig, mich zu verteidigen.

Wir sind beide durch unsere Eltern zu seelischen Krüppeln geworden, aber wir haben es beide geschafft, diese furchtbare Tradition der Gewalt zu verlassen. Du warst eine großartige

Mutter und bist zurzeit eine ganz liebevolle Oma. Ich habe der Gewalt völlig abgeschworen, mit 18 Jahren den Kriegsdienst verweigert, zwei Jahre Ersatzdienst im Krankenhaus geleistet, nie meine Hand gegen irgendjemand oder irgendwas erhoben. Ich habe immer versucht, kritische Situationen und Konflikte gar nicht erst entstehen zu lassen, wie man eben als »Weichei und Warmduscher« (die Bezeichnung stammt von Deinem Vater) so ist.

Lass uns nun mit diesen traurigen Geschichten aufhören, schicke mir mal Fotos von Deinen Enkeln.

Liebe Grüße,
Manni

Hallo Manni,

Du hast ja Recht, genug von diesen alten Geschichten, sie machen einen nur krank. Anbei, wie versprochen, einige Fotos von meinen Enkelkindern. Genießen wir die Gegenwart und freuen uns auf das, was kommt.

Deine Zukunft wird nach der Trennung von dieser, wie Du sie nennst, »sympathischen Sie« und mit der neuen Wohnung hoffentlich erheblich besser werden. Bruderherz, Du nimmst solche Entwicklungen immer zu persönlich und suchst immer die Schuld nur bei Dir. Aber Du bist nun mal unglaublich gebildet, Theater ist Deine Welt, die großen Museen dieser Welt sind Dein Zuhause. Auf der anderen Seite aber Hund, Katze, Pferd und vor allem Deine Kinder. Samstagabend im Smoking bei der Premiere einer Oper, Sonntagmittag in Stallklamotten beim Pferd. Mein liebes Brüderlein, die Frau, die das alles mag, muss erst noch gebacken werden!!!

Du hast mir so schöne Geschichten von Deinem Patenkind, ihrem Baby und dem Pferd erzählt. Ihnen zu helfen und für sie da zu sein ist doch eine wunderbare Aufgabe.

Ich werde Dir auf jeden Fall das Geld für die Kaution und für die Übernahme der Einbauküche überweisen. Mein verstorbener Mann hat mir neben der Erinnerung an wunderschöne Reisen und endlose Saufgelage genug Geld hinterlassen. Mach` Dir also keine Sorgen, ich will definitiv kein Geld zurück. Wenn Du, wie im letzten Telefongespräch angedeutet, einen Bürgen für den Mietvertrag brauchst, mache ich gerne, also auch hier keine Probleme!!!!

In diesem Gespräch hattest Du ein furchtbares Erlebnis mit einem Motorroller erwähnt. Schreib` mir, ich bin sehr neugierig und Dir wird es guttun, darüber zu sprechen bzw. zu schreiben.

Ich warte gespannt auf Deinen Brief, leg` mal ein paar Fotos von Dir, Deinem Patenkind und vor allem dem Baby dazu!!

Deine Patti

Hallo Patti,

ja, diese Höllenfahrt mit dem Motorroller, das waren die ganz dunklen Momente in meinem Leben. Es fing aber viel früher an.

Ein düsteres, altes Fachwerkhaus, Provokationen meiner Noch-Ehefrau ohne Ende, alles mit dem Ziel, dass ich die Beherrschung verliere und zuschlage. In meiner Not habe ich mich an die Polizei gewandt und tatsächlich Verständnis gefunden und sofort Hilfe bekommen. Bereits am nächsten Tag war ich im

Opferschutzprogramm der Polizei. Durch die intensive Betreuung konnte ich mich stabilisieren und ihre Attacken ertragen.

Als Höhepunkt der Provokationen waren auf einmal meine Autoschlüssel weg, so dass ich nur noch einen kleinen Motorroller zur Verfügung hatte. Was im Sommer durchaus schön war, wurde im Winter lebensgefährlich. Kurz nachdem ich Anfang Dezember auf die Autobahn gefahren war, konnte ich den Drehgriff fürs Gas nicht mehr bewegen, der Gaszug war eingefroren. Einfach auskuppeln ging ja nicht, da der Roller ein Automatikgetriebe hatte. Ich donnerte mit fast 100 km/h über die Autobahn, mit äußerster Kraftanstrengung kriegte ich den Roller auf 50 km/h runtergebremst. In diesen furchtbaren Minuten habe ich mich auf meinen Tod vorbereitet. Ich bin die Heimausfahrt rausgefahren, habe, so gut es geht, gebremst und zum Schluss in meiner Not einfach den Zündschlüssel rumgedreht und damit den Motor ausgemacht. Der Roller stand auch sofort, aber ich flog in hohem Bogen über den Lenker. Die Polizisten haben mich am Unfallort vom Notarzt durchchecken lassen. Da alles einigermaßen o. k. war, haben sie mich mitgenommen und ich habe im Polizeipräsidium bis zum nächsten Morgen auf meinen Betreuer gewartet.

Keine drei oder vier Tage später stand ein kleines, süßes Auto vor der Tür, die Marie hatte die Reißleine gezogen.

Das war nun aber wirklich die letzte Geschichte aus der Vergangenheit, ab jetzt nur noch Zukunft.

Der Manni

Hi Bruderherz,
hört das mit diesen Enttäuschungen denn nie auf? Ich habe die ganze Nacht geheult und war drauf und dran,

mich heute früh ins Auto zu setzen und an den Bodensee zum Karl zu fahren.

Ich war mit zwei befreundeten Ehepaaren für drei Wochen zum Golfen in Südafrika. Was für eine herrliche Landschaft, die Tiere in den Nationalparks, die Menschen, die Leichtigkeit des Lebens ... Ich habe keine Lust mehr auf Deutschland, wenn da nicht der Karl wäre.

Ich komme also nach Hause und wundere mich schon, dass kein Auto da ist. Alles irgendwie leer, fast unbewohnt, richtig unheimlich. Mein Sohn Dirk ist in meiner Abwesenheit ausgezogen, in der Küche lag immerhin ein Zettel:

> Hallo Mama,
> sei nicht böse, aber wir brauchen mal etwas ganz anderes. Die Kinder, aber auch Nadine und ich müssen irgendwie und irgendwo was Neues anfangen.
> Lass uns etwas Zeit, ich melde mich.
> Dirk

Was war er damals glücklich, als er nach einem turbulenten Studium und diversen chaotischen Auslandsaufenthalten bei mir einziehen konnte! Sein Bruder war stinksauer und hat mich monatelang geschnitten. Er wäre nämlich mit seiner Familie auch gerne bei mir eingezogen. Am meisten kränkt mich, dass er und seine Frau Pläne schmieden und mich vor vollendete Tatsachen stellen. Natürlich können sie ihr Leben so gestalten, wie sie wollen, natürlich müssen sie mich für nichts um Erlaubnis bitten. Warum sagt er nicht, dass sie mal eine Wohnung in einer ganz anderen Gegend für ihre Entwicklung und die Entwicklung der Kinder brauchen? Aber mir monatelang ins Gesicht zu gucken, als ob alles in Ordnung wäre, mich zum Flughafen zu bringen, Abschied zu nehmen, mir einen schönen Urlaub zu wünschen und am nächsten Tag auszuziehen, ist absolut gemein.

Ich habe so viel für sie in dieses Haus investiert, umgebaut und erweitert, als die süßen Zwillinge kamen ... Ich mache das Haus jetzt wieder für mich und vielleicht für Karl passend.

Schick mir unbedingt das, was Du über Deine Ersatzdienstzeit geschrieben hast. Du sagtest, dass Du damals so Schreckliches und doch auch so Schönes erlebst hättest. Um das zu verarbeiten, hättest Du angefangen zu schreiben. Ich bin für jede Ablenkung dankbar.

Karl und ich wollen im Frühjahr für zehn Tage nach Spanien, er hat in Andalusien einen Freund aus früheren gemeinsamen Tagen. Karl telefoniert ohne Ende und verrät gar nichts, es soll nämlich ein Urlaub mit ganz vielen Überraschungen werden.

*Bis dann,
Deine Patti*

Hallo Patti,
  anbei die Kopien meines damaligen »therapeutischen« Schreibens, ich hatte es damals »Meine drei Ohnmachten« und »Der Menschenfreund« genannt.
  Da war ein ganz junges Mädchen, das Leukämie hatte und nach einem langen Leiden bei uns auf der Station gestorben ist.

Meine erste Erfahrung mit dem Tod hat mein Leben entscheidend geprägt und mich total verändert.

Ein alter Mann, Arzt und Studienfreund unseres Professors, kam zur stationären, später ambulanten Behandlung in unsere Klinik. Ein absolut bescheidener Mann mit einer unglaublichen Biographie. Er war und ist für mich der Menschenfreund schlechthin. Aber lies selber ...

Ein paar Tage Urlaub in Spanien, noch dazu in einer traumhaften Landschaft, hört sich doch gut an, hoffentlich klappt es!!!

*Bis bald sagt
der Manni*

Die drei Ohnmachten

Ein junges Mädchen, 11 oder 12 Jahre alt, kam auf unsere Station. Es ging ihr total schlecht, sie war abgemagert, kraftlos, unendlich traurig.

Bei uns waren eigentlich nur Erwachsene, die meisten im Grunde ziemlich hoffnungslose Fälle. Aber wir waren eine der ersten Kliniken, an denen versucht wurde, mit chemischen Substanzen, die direkt aus den Forschungslabors kamen, Krebs zu stoppen.

Damals war Krankenhaus unendlich langweilig. Kein Radio, kein Fernseher, nur Lesen. Ich begann meine Freizeit auf der Station zu verbringen, wir spielten Karten, Mensch-ärgere-dich-nicht … Wenn das Wetter gut war und die Ärzte es erlaubten, fuhr ich die Anna in einem Krankenstuhl durch den großen Park der Unikliniken.

Der Vater, sehr viel älter als ihre Mutter, besuchte seine Tochter gar nicht. Diese kam mittwochs und sonntags mit dem Zug aus der Eifel, blieb eine Stunde und musste dann schon wieder zurück. Sie hatte gar keinen Führerschein, geschweige denn ein Auto.

Nach jedem Chemostoß ging es Anna richtig dreckig, überhaupt wurde es von Monat zu Monat schlechter. Obwohl ihr Kampf verloren schien, blieb sie trotzdem in einem kleinen Zimmer bei uns. Da ihre Kräfte oft nicht mehr zum Spielen reichten, begann ich ihr vorzulesen. Besonders gerne hörte sie die Erzählungen von Mogli aus dem indischen Urwald. Ich brachte ihr ein paar Buntstifte und einen Malblock mit und sie malte, so oft es ging, voller Hingabe die Figuren aus dem »Dschungelbuch« von Rudyard Kipling.

Eines Morgens wachte sie gar nicht mehr richtig auf, sie bekam nun dauerhaft Infusionen und Schmerzmittel und wurde an ein Überwachungsgerät angeschlossen. Die Eltern wurden verständigt, konnten aber nicht kommen. Ich fuhr in meine Bude, holte mir frisches Zeug und setzte mich zu ihr. Ich habe einfach leise weiter vorgelesen, die Schwestern kümmerten sich um die medizinische Versorgung. In der Nacht wurde Annas Atem schwächer und unregelmäßig. Schwester Inge verständigte den diensthabenden Arzt und blieb jetzt bei uns, plötzlich ein schriller Pfeifton. Schwester Inge ging zu dem Gerät, schaltete es aus, schloss Annas Augen, nahm mich in die Arme und sagte leise: »Die Kleine ist nun erlöst.«

Ich bin dann wohl zusammengeklappt und sie hat mich mit Dr. Jensen ins Schwesternzimmer getragen, wo er mir auf der Bahre, die dort stand, etwas für meinen Kreislauf spritzte.

Ein paar Tage später hatten wir gerade die Betten gemacht und waren dabei, das Frühstück zu verteilen, als wir alle in das Stationszimmer kommen sollten. Annas Eltern waren da, die Mutter weinte, der Vater ernst, aber sehr gefasst.

Unter Tränen bedankte sich die Mutter bei uns allen für unsere sorgfältige Arbeit und unser Bemühen, Anna ihr Leiden erträglich zu machen. Sie kam dann zu mir und gab mir einen kleinen Bildband mit Fotos aus Annas Leben. Als sie nicht mehr weiterreden konnte, kam der Vater zu mir, kramte in seiner Hosentasche und drückte mir einen zerknitterten 5-Mark-Schein in die Hand.

Die Schwestern haben mich dann ins Schwesternzimmer getragen. Unser Stationsarzt wusste ja, was er mir spritzen musste.

Zwei Wochen später war die monatliche große Chefarztvisite, mit allen Stationsärzten, Oberärzten, dem Professor und Studentinnen und Studenten aus dem Schlussexamen. Auf dem Flur wurde das Krankheitsbild von ausgewählten Patienten beschrieben und das bisherige Vorgehen erläutert. Danach gingen sie in die Zimmer, der Professor begrüßte jeden Patienten und fragte, wie es ihm ginge und ob er Fragen an ihn hätte. Er beschrieb dann mit einfachen, verständlichen Worten, was in den nächsten Tagen und Wochen geplant war.

Am Ende des Rundganges bat der Professor die Stationsschwester, mich zu holen. Er stand vor unserem kleinen Sterbezimmer und begrüßte mich mit Handschlag. Ich musste mich neben ihn stellen und wusste gar nicht, wie mir geschah. Der Professor sagte, hier habe ein junges Mädchen mit Leukämie gelegen. Wie so häufig sei auch sie viel zu spät in die Uniklinik gekommen, wir alle hätten den Kampf verloren. Unser »Bruder Manni«, wie er überall nur fast liebevoll genannt wird, der hier neben ihm stehe, habe sich von Anfang an um die kleine Patientin gekümmert. Über viele Wochen habe er seine gesamte Freizeit bei ihr verbracht und ihr das Sterben leichter gemacht.

Direkt an die Studentinnen und Studenten gewandt, sagte er, dass sie in wenigen Wochen den hippokratischen Eid leisten müssten. Sie sollten nie vergessen, dass Heilen ihre Berufung sei, nicht das Geldverdienen und nicht das Ansehen, das man als Arzt habe.

Der Professor drehte sich zu mir, nahm meine Hand und sagte, dass er mir von ganzem Herzen für das danke, was ich für die kleine Anna getan hätte. Als dann alle anfingen leise zu klatschen, konnte mich unsere Stationsschwester Elisabeth so gerade noch auffangen.

Der Menschenfreund

Als ich eines Morgens auf die Station kam, fand ich es dort irgendwie anders als sonst: wie immer eine total übernächtigte Nachtschwester, die froh war, nach Hause zu können, mürrische Schwestern, verschlafene Patienten, alles wie jeden Morgen um fünf Uhr. Aber es lag etwas, wie man so sagt, »in der Luft«.

Am Vormittag musste ich den neuen Patienten, einen unglaublich freundlichen, älteren Herrn, zum Röntgen fahren. »Na ja«, sagte er, »könnten wir uns eigentlich sparen. Ich weiß ja, was ich habe. Aber der Professor braucht natürlich für die Klinikverwaltung eine mit Röntgenbildern und Blutwerten untermauerte Diagnose, um mich behandeln zu dürfen. Außerdem möchte er ein neues Medikament an mir ausprobieren, in den USA hat man damit große Erfolge erzielt.«

Er erkundigte sich danach, was ich denn in der Klinik mache. Von einem Recht, den Kriegsdienst mit der Waffe zu verweigern und dafür einen sogenannten Ersatzdienst in einem Krankenhaus zu leisten, hatte er noch nie etwas gehört. »Das ist ja toll, so was gibt`s in Deutschland, ausgerechnet in Deutschland? Ich lebe seit 1938 in Indien und bin eigentlich nur hierhergekommen, um mein Buch über Medizin in den Tropen zu vollenden. Der Professor will seinem alten Jugendfreund dabei helfen. Er hat ja selbst einige Bücher geschrieben, natürlich alle inzwischen medizinische Standardwerke und ein Muss für jeden Studierenden und Arzt. Wenn Sie Lust haben, mache in Ihnen heute nach Ihrem Dienstschluss einen original indischen Tee und Sie müssen mir noch viel mehr von sich erzählen.«

So kam es, dass ich fortan viel bei ihm war. Ich habe ihm von meinem bisherigen kurzen Leben erzählt und natürlich von Anna und wie mich ihr Tod so betroffen gemacht hat und wie ich noch nachdenklicher geworden bin. Besonders genau musste ich ihm die Gründe für meine Verweigerung erklären, ich schilderte ihm, wie mich der gewaltlose Widerstand eines Mahatma Gandhi begeistert hatte und dass es möglich gewesen war, dem doch so mächtigen Großbritannien ohne Krieg, nur durch zivilen Ungehorsam die Unabhängigkeit abzutrotzen.

Unser Professor und er sind Jugendfreunde und haben gemeinsam in Heidelberg Medizin studiert. Seine Familie hat Deutschland 1934 verlassen müssen und er hat in England Medizin zu Ende studiert. Er ist dann als junger Arzt nach Indien gegangen, weil er das alte Europa mit all seinem Hass zwischen den Völkern nicht mehr ertragen konnte. Er wollte einfach nur Menschen helfen und ihr Leiden lindern. Aber genau da fingen die Probleme an, alles, was heute da ist, um zu einer Diagnose zu kommen, fehlte damals, erst recht in der 3. Welt. Keine Diagnose, keine Medikamente, keine Linderung, keine Heilung.

Er verließ recht bald die großen Städte und wanderte von Dorf zu Dorf. Er hörte den Medizinmännern und Wunderheilern zu, beobachtete alte »Hexenweiber« und schrieb alles auf. Denn es gibt in der Tat Wurzeln und Kräuter, die so manches heilen oder doch lindern können. In einem kleinen Dorf am Fuße des Himalaya traf er einen alten Mann, der ihm über viele Wochen hinweg zeigte, wie man an Veränderungen der Zunge, des Mundes, der Augen, der Haut vor allem, Krankheiten erkennen kann. Er macht sich im Moment den Spaß, den Professor zu schockieren, weil er bei einigen Patienten nach wenigen Minuten eine Diagnose hat, für die der Professor mit all seinen Geräten und Möglichkeiten einige Tage braucht. Um sein Wissen weiterzugeben, arbeitet er an einem Buch über Medizin in den Tropen. Er beschreibt darin, wie man über »Angucken« zu einer sicheren Diagnose kommen kann und wie eine Heilung und/oder Linderung durch einfache Mittel möglich ist.

Ich habe ihm über viele Wochen hinweg geholfen, sein Buch fertig zu bekommen. Auf seiner uralten Reiseschreibmaschine habe ich seine handschriftlichen Zettel ins »Reine« geschrieben, Schwarz-Weiß-Fotos eingeklebt und den Kontakt mit dem Verlag und dem für ihn zuständigen Lektor gehalten. Unser Professor kam gelegentlich auf einen Tee vorbei und ich musste ihm immer die neu geschriebenen Seiten zur Korrektur geben.

Besonders spannend waren seine Schilderungen über den Kampf der Inder für ihre Unabhängigkeit. Als er in einem Dorf im Westen Indiens arbeitete, kam eines Nachts eine Gruppe Inder mit einigen Verletzten zu ihm. Die »Tommies«, wie er sie immer nannte, hatten nämlich wieder einmal ganz schön heftig auf die unbewaffneten Menschen eingehauen. Er schaute sich zunächst alle Verletzungen an und wollte dann dem am schwersten Verletzten einen großen Splitter aus dem Rücken entfernen. Einige der Inder protestierten und verlangten, dass er erst die Angehörigen der höheren Kaste behandeln solle. Er weigerte sich und sagte ihnen, dass allein die Schwere der Verletzung die Reihenfolge bestimme, nicht die Rasse, der Glaube oder die Zugehörigkeit zu einer bestimmten Kaste. Als die Lage zu explodieren drohte, trat ein kleiner, schmächtiger Mann, offensichtlich ihr Anführer, nach vorn und sagte, er solle in der Reihenfolge behandeln, die er für richtig halte. So begann seine Bekanntschaft mit Mohandas Karamchard Gandhi, bei uns bekannt als »Mahatma« Gandhi, übrigens ein Name, den Gandhi überhaupt nicht mochte. Seine Freunde, ja seine Frau und später auch er nannten ihn »Bapu«, was so viel wie Vater heißt.

Von da an zog er mit Gandhi und dessen Leuten von Ort zu Ort, für ihn nicht ganz ungefährlich, da er als Deutscher und inzwischen englischer Staatsbürger bei einer Ergreifung einen Prozess und sogar Gefängnis zu befürchten hatte. Er zog eine Kurta, das traditionelle kragenlose Hemd, an, färbte seine Haare, trug einen Dastar, den Turban der Sikhs, und sprach nur noch Hindi.

Nach der Unabhängigkeit musste er schmerzvoll erkennen, dass es in dem Kampf um die Unabhängigkeit völlig egal war, ob man Hindu oder Moslem, Mann oder Frau war, da half das Mitglied einer höheren Kaste ganz selbstverständlich einem »Unberührbaren«. Aber mit dem Tag der Unabhängigkeit war der gemeinsame Feind, der alle zusammengeschweißt hatte, weg und ganz schnell waren die alten Gegensätze und Feindschaften wieder da. Was hatten sie in den Nächten voller Angst, entdeckt und verhaftet zu werden, von Freiheit, Gerechtigkeit und Gleichheit geträumt, was für ein wunderbarer Staat sollte ihr Indien werden, das Beste und Vollkommenste, was es jemals auf der Erde gegeben hat. Aber als sich auch der Vater der Nation, Mahatma Gandhi, nicht mehr durchsetzen konnte; als die Engländer mit Indien und Pakistan zwei Staaten in die von allen gemeinsam errungene Unabhängigkeit entließen, ging er zurück in den Norden Indiens, um dort wieder als einfacher Arzt zu arbeiten.

Nach vielen Monaten hatten wir endlich sein Buch fertig bekommen und es wurde auf einem Kongress, der extra dafür in unserer Uniklinik stattfand, vorgestellt. In dem Vorwort bedankte er sich bei dem Professor für seine Unterstützung bei allen medizinischen Fragen, aber auch bei einem jungen Ersatzdienstleistenden, ohne den das Buch nicht fertig geworden wäre.

Da meine Ersatzdienstzeit zu Ende ging, haben wir Abschied voneinander genommen. Auch er wollte in sein Dorf am Fuße des Himalayas zurückkehren. Das Amulett, das er einst von seinem Freund Bapu Gandhi geschenkt bekommen hatte, trage ich noch heute.

Hallo Bruderherz,

was sind das für schöne und doch so unendlich traurige Sachen, die Du da erlebt hast. Ich habe die halbe Nacht geheult, jetzt ist mir auch klar, warum Du Dich immer so um Deine Kinder gekümmert hast. Sie sollten es besser haben als die kleine Anna.

Die zehn Tage in Andalusien waren ein Traum, Karl und ich wie ein junges Liebespaar in einer großartigen Landschaft. Der Karl hat nämlich als junger Mann mehrere Jahre in Sevilla in einem berühmten Restaurant gearbeitet, er spricht perfekt Spanisch und kennt Land und Leute wie seine Westentasche. Die Königsburg Alcasar, natürlich Cordoba mit den vielen Relikten aus der Zeit der Mauren und dann die Alhambra in Granada. Ich bin Karl so dankbar, dass ich das alles erleben durfte, diese prachtvollen Schönheiten werde ich nie mehr vergessen.

Ich möchte Dir als Weihnachtsgeschenk eine Reise durch Andalusien schenken. Ich schicke Dir mal unsere Reiseunterlagen und Fotos. Wohnen kannst Du beim Juan, er hat beim Karl das Kochen gelernt und besitzt heute einen kleinen Landgasthof in der Nähe von Sevilla. Für sein Schneckenpfännchen und die Fischplatte kommen die Leute von weit her. Karl und er haben den Geschmack dieser beiden Gerichte in vielen Versuchen ausgetüftelt und der Juan ist damit als bester Jungkoch in Andalusien ausgezeichnet worden. Karl hat immer wieder in seinem Restaurant versucht, diesen unglaublichen Geschmack hinzubekommen. Aber er hat längst resigniert und sagt, es fehle das entscheidende Gewürz, er nennt es immer das »mediterrane Was-weiß-Ich«!

Das kleine Auto seiner Tochter Maria kannst Du benutzen, da sie in den nächsten beiden Jahren in den USA studieren wird. Sein Sohn Hugo hat einen Freund, der auf einem großen Andalusiergestüt arbeitet. Ich weiß ja, dass Du davon träumst, einmal echte Andalusier zu sehen, vielleicht sogar zu reiten.

Dein Brief mit dem »Gottesurteil« ist irgendwie nicht angekommen. Da das so furchtbar klingt, möchte ich ihn auf jeden Fall lesen.

Ich bin durch die Erinnerung an diesen Traumurlaub so aufgedreht, dass ich erst mal in mein Fitness-Studio im Keller muss.

Deine Patti

Hallo Patti,

ich freue mich total auf Andalusien, das wird eine tolle Sache. Ich denke, April/Mai wird gut sein, wir telefonieren noch.

Du fragtest, bevor mein Akku schlappmachte, nach dem Amulett. Nun, es war aus vielen kleinen Perlen und ist bei meinem Reitunfall zerrissen. Ich hatte immer das Gefühl, dass es mir das Leben gerettet hat.

Nun aber zurück in meine »goldenen« Jahre. Der Betrieb

lief supergut, die Namen meiner Kunden lasen sich wie ein Auszug aus dem »Who is who« der deutschen Industrie. In diesen Jahren habe ich mir das Geld für Investitionen nicht nur bei unserer Hausbank geholt, sondern da, wo ich es am günstigsten bekommen habe. Der Leiter der Kreditabteilung der Sparkasse, ein Herr Metzger, hat sich so manche blutige Nase geholt.

Als um die Jahrtausendwende die Geschäfte immer schwieriger wurden; als unser Vater mit verdammt viel Geld aus der Firma ausschied, kam der Betrieb in die Bedrängnis. Schecks wurden nicht eingelöst, Anrufe der Sparkasse bis in den Abend hinein, also das volle Terrorprogramm. Als dann auch noch dieser Herr Metzger in den Vorstand der Sparkasse berufen wurde und als Nr. 2 keinen mehr fragen musste, war mein Ende besiegelt. Eine seiner ersten Amtshandlungen war die Kündigung meiner Kreditlinie, ich musste daher nach wenigen Wochen Insolvenz anmelden.

Etwa ein halbes Jahr später erschütterte ein tragischer Fall unser Städtchen. Herr Metzger hatte seinen sonntäglichen Geburtstag mit einer rauschenden Party am Samstagabend begonnen. Am Sonntagmorgen war er daher nicht in der Lage, seinen 14-jährigen Sohn, wie versprochen, zum Fußballspiel zu begleiten. Zornig fuhr der Junge mit dem Fahrrad zum drei Kilometer entfernten Sportplatz. In einer lang gezogenen Kurve kam ein entgegenkommender Wagen ins Schleudern und zerquetschte ihn zwischen Auto und Leitplanke.

Da dieser Herr Metzger so manchen Betrieb und damit auch viele Familien in unserer Stadt zerstört hatte, war sehr schnell zu hören: »Der hat es auch nicht anders verdient.«

Ein Jahr später hatte er sich für seinen Geburtstag einen Tag Urlaub genommen und brachte morgens ein Blumengesteck zum Grab seines Sohnes. Als er nach Hause kam, fand er seine Frau

tot in der Badewanne. Nicht wenige sagten: »Hier hat Gott gerichtet!«
Das alles hat mich jetzt so aufgewühlt, dass ich erst mal eine, besser zwei Runden joggen muss. Ich werde übrigens niemals an einen Gott glauben, der Kinder zur Bestrafung von Eltern sterben lässt.

Bis demnächst sagt der
Manni

Hi Manni,
mit Gott, Kirche und all diesem Zeug kann ich gar nichts mehr anfangen. Mir hat noch keiner erklären können, warum die größten Lumpen sonntags in der Kirche am lautesten singen und nicht auf der Stelle von Eurem »lieben Gott« erschlagen werden. Trotzdem wird man schon nachdenklich, wenn man die Geschichte dieses Herrn Metzger hört. Aber auch in Deinem Leben gibt es da etwas, was mir einen Schauer über den Rücken laufen lässt.
Als ich Dich in unserem letzten Telefongespräch nach Lucas und Philipp gefragt habe, hast Du einen Weinkrampf bekommen und konntest nicht mehr weitersprechen. Ich habe aber verstanden, dass Du seit der Scheidung nichts mehr von ihnen gehört hast und noch nicht einmal weißt, ob sie studieren oder was sie überhaupt machen. Ich habe ja nun mit meinem Sohn Albert einen leitenden Oberstaatsanwalt in der Familie, und als ich ihm von Dir und Deinem Weinkrampf erzählt habe, sagte er nur: »Grüß den Onkel Hermann ganz lieb von mir, ich kümmere mich mal darum!« Er hat natürlich

alle Möglichkeiten und weiß, wie man wo was rauskriegt. Gestern war er auf einen Tee bei mir und hat mir so einiges erzählt.

Lucas hat unter diesem Ehekrieg furchtbar gelitten. Kaufhausdiebstahl, Einbrüche, Jugendgang, Gott sei Dank keine Drogen, zwei Ausbildungen abgebrochen, sein Leben drohte aus dem Ruder zu laufen. Irgendwie hat er aber doch noch »die Kurve gekriegt« und angefangen Biologie zu studieren. Bio war ja schon auf der Penne sein Lieblingsfach. Er hat Deine Begeisterung für das Meer geerbt und will Meeresbiologe werden. Sein Professor hat ihn gerade für ein Jahr an die Hudson Bay nach Kanada geschickt. Dort macht der Professor mit kanadischen Kollegen eine Studie über die Auswirkungen des Klimawandels auf Eisbären und Robben. Lucas kann ja perfekt tauchen und wird daher viel im Meer sein und die Arbeiten unter Wasser begleiten und dokumentieren.

Philipp hat nach Deinem Auszug und dem Verbot seiner Mutter, Dich zu sehen, ziemlich gesoffen, ist nach einem Saufabend auf die Straße getorkelt, dort angefahren worden und lag Monate mit einem furchtbaren Streckverband im Krankenhaus.

Als es langsam besser ging, war er jeden Tag bei seinem Pferd Danni. Dort hat er wieder zu sich gefunden und das Saufen komplett eingestellt. Philipp hatte ja ebenso wie Lucas ein super Abi gebaut und studiert inzwischen im letzten Semester Umwelttechnik. Sein Professor möchte ihn unbedingt halten und hat ihm nach dem Examen eine Doktorandenstelle angeboten. Philipps ganze Leidenschaft gilt der globalen Vernetzung der Energieströme.

Der absolute Hammer ist jedoch Deine Exgattin Marlene. Sie hatte vor einigen Jahren ihren ersten epileptischen Anfall, noch dazu in ihrem Büro, musste natürlich in Frührente gehen und hat im letzten Jahr nach einem schweren Anfall nicht wieder das Bewusstsein erlangt und liegt seitdem im Wachkoma.

Vielleicht denke ich noch mal darüber nach, ob es nicht doch da oben irgendwas oder irgendwen gibt. Auf jeden Fall habe ich im Moment mehr Fragen als Antworten.

Ich freue mich total auf Deinen Besuch nächste Woche und unsere Fahrt nach Mittenwald zu unserer Cousine Bettina. Vergiss bloß Deine Wanderschuhe nicht, denn wir wollen ja wie in unserer Kindheit von Mittenwald über die Berge nach Garmisch wandern. Bettys Mann, der Toni, ist als echter Bayer natürlich bei der Bergwacht und wird uns ganz sicher ein guter Führer sein.

Deine Patti

Ein paar Jahre später

Nach einem langen und kalten Winter und einem viel zu nassen Frühjahr gab es nun endlich die ersten warmen Frühsommertage. Ein junges Pärchen wanderte Hand in Hand durch eine schöne Wiesenlandschaft. Der Zauber der ersten Liebe strahlte aus ihren Augen.

»Schau mal, Ben, da hinten auf der Wiese sind Pferde, lass uns da hingehen.« Als sie an der Weide angekommen waren, zupfte das Mädchen frisches Gras und lockte die Pferde zum Zaun. »Ben, das schwarze Pferd da hinten steht inzwischen ganz alleine da und kommt gar nicht zu mir.«

Ben schmunzelte: »Das ist ein Friese, die kommen nicht zu jedem und auf Zuruf schon mal gar nicht. Friesen haben einen ziemlichen Dickkopf und machen am liebsten nur das, was sie selber wollen.« Der junge Mann drehte sich um und wischte sich verstohlen über die Augen.

»Ben, was ist, du weinst ja?« Sie nahm ihn in die Arme: »Erzähl mir, was los ist!«

Der junge Mann atmete durch und begann zu erzählen: »Meine Mutter und ihr Patenonkel hatten einen wunderschönen und ganz lieben Friesenwallach. Ich war kaum geboren, da hat mich die Ma immer im Kinderwagen mit zum Stall genommen. Für alle Fälle waren ein Fläschchen und Windeln dabei. Oma sagt noch heute und rümpft dabei ihre Nase, ich armes Kind wäre in einem Stall groß geworden. Sobald ich sitzen konnte, habe ich bei den Ausritten in einem kleinen Vorsattel vor meiner Mutter gesessen. Ich glaube, so mit fünf habe ich angefangen, den Dagho trocken zu reiten. Ab sechs bin ich oft zwei oder drei Mal pro Woche geritten. Wir sind in der Reithalle und im Wald geritten, und einmal waren wir sogar mit dem Dagho zwei Wochen auf Norderney. Weißt du, am Strand zu reiten, durch das Wasser zu galoppieren, das ist das Schönste, was es gibt. Wenn wir zu Hause sind, zeige ich dir mal unsere Fotos und Videos.«

Das junge Mädchen streichelte ihm über die Wange und fragte: »Was ist denn aus dem Dagho und vor allem aus dem Onkel geworden?«

Ben schluckte: »Als es von Daghos Alter her nicht mehr weiter ging, hat Ma ihren Tierarzt gerufen. Der Dagho ist in den Armen des Onkels eingeschlafen. Mama hat versucht, den Onkel zu trösten, aber sie ahnte, dass es vergeblich ist. Ein paar Tage später kam ein Brief von Norderney. Der Onkel schrieb, dass sein Leben jetzt erfüllt sei und es Zeit sei zu gehen. Er dankte meiner Mutter für die wundervollen Jahre mit ihr und Dagho und vor allem mit mir. Er bat sie, immer für mich da zu sein. Er habe ab und zu ein bisschen Geld zurücklegen können, das beigefügte Sparbuch sei für mich. Auf dem USB-Stick seien einige Geschichten aus der Vergangenheit, sie habe ja immer danach gefragt, nun, so wie dort beschrieben war es eben in seinem Leben. Er sei unendlich glücklich, dass sein Leben durch uns drei ein so wunderschönes Happy End bekommen habe.«